वियोगिनी ठाकुर

जन्म : 4 सितम्बर 1992, बदायूँ (उत्तर प्रदेश) में।

शिक्षा : एमए, बीएड

पहला उपन्यास 'दूसरा प्यार' फ़रवरी 2022 में अक्षरायन प्रकाशन से प्रकाशित। पहला कविता संग्रह 'लड़की कैक्टस थी' शुभदा बुक्स से जुलाई 2022 में प्रकाशित। कृति बहुमत पत्रिका में कविताएँ तथा सदानीरा और हिन्दवी जैसे वेब पोर्टल पर कविताएँ और लेख प्रकाशित। वनमाली कथा पत्रिका और पाखी पत्रिका में कहानियाँ प्रकाशित।

मैं किसी कालिदास की मल्लिका नहीं

वियोगिनी ठाकुर

प्रथम संस्करण: 2023

ISBN: 979-8-88935-545-8

© वियोगिनी ठाकुर

मूल्य: ₹ 155/-

प्रकाशक: प्रतिबिम्ब, नोशन प्रेस का उपक्रम

संपर्क: नोशन प्रेस,

7, मांटिएथ रोड

एग्मोरे, चेन्नई, तमिलनाडु — 600008

Main Kisi Kalidas Ki Mallika Nahin

Poems by Viyogini Thakur

अनुक्रम

मैं एक झर गया फूल हूँ

कितना सरल है तुम्हारे लिए प्रेम करना
और फिर आगे बढ़ जाना पुरुष!
'प्रेम है' से 'प्रेम अब नहीं है' तक की यात्रा
कितनी सहज होती है तुम्हारे लिए

मैं एक झर गया फूल हूँ
भूमि पर बिखरा हुआ
जो खिला था कभी तुम्हारे लिए
मुझमें अब रंग नहीं, गंध नहीं, जल नहीं
न ही बची है उर्वरता
मेरे भीतर की कोमलता क्षत-विक्षत है

मैं अब सिर्फ बासी स्मृतियों का ढाँचा मात्र हूँ
जो कुचला जाएगा किसी रोज़ किसी के पैरों तले
तुम प्रेम से परिचित हो
प्रेम की हूक
उसकी वेदना भी तुम्हारे लिए अनचीन्ही तो नहीं!
कितनी रातें तुमने भी तो अपने आंसुओं से सींची हैं

मुझसे होकर भी तो गुज़रे थे न तुम पुरुष!
फिर तुम मुझसे परिचित कैसे नहीं हुए
क्या मुझ-से आघात तुमने कभी नहीं झेले

क्या कभी नहीं बहाया तुमने मुझ-सा स्वेद-रक्त
क्या कभी नहीं आया तुम्हारे हिस्से मुझ-सा प्रेम
क्या मेरा और तुम्हारा हृदय कभी एक नहीं था
एक क्षण को भी नहीं?

मैं यह कैसे मान लूं
कैसे झुठला दूं वह मन का आकाश
उसपर टंके चाँद-तारे, जो हमने साथ-साथ देखे थे
जहाँ दो जोड़ी आँखों ने सजाए थे साझे स्वप्न
तुम्हारी आवाज़ का कंपन, वह भावना का अतिरेक
वह सब मिथ्या तो नहीं था प्रिय!

मन कभी नहीं स्वीकारता यह बात
जैसे इस संपूर्ण जीवन में एक वही एकलौता सत्य रहा हो
जैसे उस क्षण में ही रही हो हमारे प्रेम की पूर्णता।

यह एक कोहरे से भरा दिन है

हर इनकार की एक क़ीमत थी
जो सबसे अधिक आंसुओं से चुकाई गई
फिर भी नहीं चुकता हुआ समय का सूद-मूल
तो खपा दी गईं उसमें अपनी हड्डियाँ तक

छुअन को तरसती
और अपनों के अस्पर्श की पीड़ा से लरजती देह का
कहीं कोई अंत नहीं है
वह प्यास नहीं भूलती अपना प्यासा होना
तुम भले ही भूल जाओ कि तुम्हारी भूख क्या रही है

यह एक कोहरे से भरा दिन है
जिसमें सिर उठाकर देखने पर ऊपर आसमान नहीं दीखता
नहीं दीखते धूप के सतरंगी टुकड़े
दिखलाई पड़ती हैं नीम की पत्तियाँ धुंध में डूबी हुईं

देह के जिन हिस्सों में तकलीफ़ का शोर ज़्यादा है
वहाँ वे करना चाहते हैं
वैसे ही और अधिक साम्राज्य का विस्तार
मैंने दबा दी हैं जिनमें अपनी एषणाएँ कितनी ही
ताकि वे तुम्हें न छुएँ
कभी न सुनाई पड़े तुम्हें मेरे पांवों की पदचाप

जो विस्मृति के क्षण में भी लौट आते हैं तुम्हारी ओर
किसलिए दिखलाई पड़े तुम्हें उस ताल की उठती लहरें
जिन्हें तुम देखना ही नहीं चाहते

मगर यह कब तक?
जबकि जानती हूँ यह कि
मेरे भीतर नहीं रही है स्वाभिमान की रीढ़
तुम्हारे लिए
कि झगड़ पाऊं उस हृदय से
जो तुम्हारे लिए धड़कता है
रोक पाऊं उन आंसुओं को
जिनसे नहीं रहा है तुम्हें कोई सरोकार
मगर जो तुम्हारी याद में बहा करते हैं।

जिनकी समस्त यात्राएँ प्रेम के लिए थीं

जिनके पास नहीं था चयन का कोई विकल्प
उनके समक्ष वह बार-बार प्रस्तुत किया गया
यह जानते हुए भी कि वे अक्षम हैं
वे बार-बार देखते रहेंगे
अपने साथ घटित होती यह अनहोनी
मगर कुछ कर नहीं पाएँगे

इतनी धीमी थी उनकी यात्रा इस तेज़ रफ़्तार ज़िंदगी में
कि वे कई रोज़ बिता सकते थे
खपरैल की छत पर चढ़ी
तोरई के फूलों पर लगी अगनित चींटियाँ देखते हुए
जो घंटों सुन सकते थे पीपल के थान की सीढ़ियों पर बैठ
बिना कोई ध्यान लगाए
उसे हवाओं संग सरसराते हुए
जो शहरों की भीड़ से जूझते हुए
लौट आते थे बार-बार अपने गाँव की ओर

जीवन कितनी ही भीतर-बाहर की यात्राओं से भरा था
मगर उन्होंने बैलगाड़ी की यात्रा से सुंदर
कोई यात्रा नहीं की
जिन्होंने नहीं देखे कांस और सनई से सुंदर कोई दूसरे फूल

जिन्हें आम के वंदनवार से सुंदर कोई सजावट न लगी
जिनके हाथ हर चंदन-तिलक लगे पत्थर को देखकर
जुड़ जाया करते थे

वे, जिनकी समस्त यात्राएँ प्रेम की थीं
प्रेम के लिए थीं
जिन्हें प्रेम ने सिखाया सरल होना
सरल से सरलतम होते जाना
जीवन ने भी
बस यही उनकी जमा-पूँजी थी

ऐसे लोग, जो चुपचाप जिए
और उतने ही चुपचाप बीत गए
इसलिए भी
कि उनके पास कभी नहीं रहा चयन का एक भी विकल्प

वे इस संसार में आए विकल्पहीन व्यक्ति थे
जो विकल्प की नहीं, प्रेम की खोज में आए थे।

मेरा जन्म तुमसे हुआ है

मेरा जन्म तुम्हारे लिए कभी नहीं था
मगर वह तुमसे ही हुआ है
तुमसे छिटकी किरण, तुमसे विलगा अंधकार थी मैं

मैं सदा से रही हूँ तुम्हारा ही हिस्सा
तुम्हें यह ज्ञात कैसे नहीं है?
और अगर रहा है तुम्हें यह भान
तब यह बात कैसे बिसरा गए तुम?

नदी, समुद्र में जाकर होती है पूर्ण
खोकर अपना अस्तित्व, अपनी मिठास
वह स्वयं समुद्र हो जाती है
उसे कभी नहीं खलता है वह खारापन

मुझे भी नहीं खलता
अगर तुमने मुझे अपनाया होता
या यह कह दिया होता क्षण भर को ही
कि हाँ, तुम हो, तुम हुई हो किसी जन्म में मेरा हिस्सा
जो एक दिन मुझसे छूट गया था

पर तुमने मुझे ठुकराया है
पहचानने से किया है इनकार
मेरे छोटेपन को और अधिक छोटा किया है
जानती हूँ, यह तुमने जानकर नहीं किया होगा
मगर ठेस तो लगती है न, मन के देवता!

जानती हूँ, स्मृति में नहीं
तुम्हारी विस्मृति में धंसी हुई है मेरी पहचान

तुम प्रेमी नहीं हो सकते थे, न होते
मगर तुम्हें पालक तो होना था
ताकि किसी रोज़ कह पाती तुमसे
वह सब कुछ, जो कहना था

इस अंधकार से भरे जीवन में
एक बार तो पुकार पाती तुम्हें पिता!

विदा लेती हूँ मेरे प्यार

तुम मेरे जीवन में सिर्फ प्रेम की तरह नहीं आए
आए हो प्रेम की मृत्यु की तरह भी
और मेरी भी तो!

ये मेरे होने के आख़िरी कुछ दिन हैं
अंतिम बचे हुए दिन
जिनमें मृत्यु मेरी
प्रतीक्षारत है –
मुझे चारों ओर से घेरे हुए करती है परिक्रमा
मेरी मृत्यु तय है
या तय है मेरे भीतर रचे-बसे तुम्हारे प्रेम की

चिड़िया इस बात पर कितना कलह करती हैं!

मगर तुम इस बात से कितने अनभिज्ञ रहे हो मेरे प्रिय!
अपरिचित रहे हो तुम इससे भी
कि तुम इस जीवन में अंतिम हो
अंतिम है यह प्रेम
और यह भी कि
अंतिम बार गल रही है देह
माटी और जल से बनी यह काया
माटी में मिल रही है धीरे-धीरे

और मैं वर्षा से भरे इस दिन में
हल्दी के खेत में पड़ी हूँ हल्दी-सी ही देह लिए
ताकती हूँ शीशम की फलियों से
टपकता हुआ वर्षा का खारा जल

देखती हूँ आसमान में दौड़ते अनगिन काले मेघ
मगर मेरा मन अब तुम्हारी ओर दौड़ना भूल गया है
उस हिरन की उम्र अब बीत रही
जो कभी नहीं थकता था
कभी नहीं भूलता था तुम्हारा रास्ता तकना
सजल नेत्रों से

वह अब बीत गया है
उस उम्र, उस जीवन की मियाद पूरी हुई
घिरी हुई हूँ मैं उसके अवशेषों से
बिखरे हैं उसके अस्थिपंजर मेरे चारों ओर

फिर भी तुम बाक़ी रह गए हो मुझमें
और बचे रह गए हैं तुम्हारे चिह्न
किसी अज्ञात लिपि की भाँति

कितना घना घिरता है अंधकार
और मैं ज़मीन पर पड़ी
और गहरी ज़मीन में धंसती जाती हूँ
और गहरे धंसते जाते हैं मेरे भीतर मेरे अधूरे स्वप्न
औंधे होकर दीवार में धंसी कांच की किरचों जैसे

मेरे मन की रेत में

तुम्हारे पांवों के निशान कभी नहीं मिटे हैं

जबकि कितनी लहरें उठी हैं इस मन के समुद्र में

कितनी बार डूबी हूँ मैं अपने ही भीतर

कितनी बार मरी हूँ अपनी मृत्यु

मगर यह अंतिम है

अंतिम हो तुम, अंतिम बार हुआ है यह मेरा होना

अंतिम है तुम्हारे लिए यह मेरा प्रेम

प्रेम, जिसे मैं सौंपती हूँ वर्षा को, सौंपती हूँ नदियों को

सौंपती हूँ बादल को, सौंपती हूँ धरती को

सौंपती हूँ वृक्षों को, सौंपती हूँ पाखियों को

करती हूँ हर कहे-सुने से तुम्हें मुक्त

माँगती हूँ ऐसे टूटकर चाहने के लिए

तुमसे क्षमा

विदा लेती हूँ अब मेरे प्यार!

बगुलों की पाँत

ठीक उस क्षण
जब तुम नकार रहे थे मेरा प्रेम
नष्ट कर रहे थे मेरा होना
उस रात्रि आसमान में
मेरे सिर के ऊपर से
गुज़र रही थी बगुलों की क़तार

ठीक उसी क्षण
जब वातावरण के
कण-कण में बिखरी हुई थी
दूधिया चाँदनी
मेरा प्रेमी मन
उस ताल के पानी-सा हिलोरें लेता था
जहाँ बैठी थी मैं पांव पसारे

ठीक उसी क्षण
मेरे भीतर की प्रेमिका
कहना चाहती थी तुमसे –
देखो! वह सिर के ऊपर से गुज़र रही है
बगुलों की पाँत
उन उजले रंगवाले पक्षियों का
ताँता लगा है वहाँ

और तुम अगर प्रेमी होते
जो तुम्हारा मन थोड़ा-भी मुझ-सा हुआ होता
तो कहते तुम भी
कि देख पा रहा हूँ कितना सुंदर दृश्य
तुम्हारी आँखों से!

मगर मैं नहीं कह सकी तुमसे
मन में उमड़ा वह सौंदर्य, वह कौतूहल
मन की नदी में डूबा रहा
वे परिंदे भी तो कहाँ ठहरे फिर देर तलक
तुम को भी घर जाने की कितनी जल्दी थी!

एक मैं ही ठिठकी रह गई यह सोचती
कि मैं कोई तपस्विनी तो नहीं
जो ध्यान लगा
इस पल
पहुँचा देती तुम तक अपने मन की बात
जो मेरे भीतर की कौंध
तुम्हारे भीतर भी कौंध जाती

मगर मैं रात भर वहीं बैठी रही थी प्रिय!
कुमुदिनी के फूलों के समीप
वही, जो तुम्हारे मन जितने ही कोमल दीखते हैं
तुम्हारे हाथों-सा गुलाबी
उनसे भी फूट-फूट पड़ता है

मैं बैठी रही थी रात भर प्रतीक्षा में
तुम्हारे फिर लौट आने की
और उजले पांखवाले
उन असंख्य परिंदों की भी।

पपीते के फूलों पर

वर्षा से भरा दिन बीतने पर फूल-पत्तों में
जैसे अटकी रहती हैं देर तलक उसकी बूँदें
वैसे ही मेरी पलकों पर ठिठके हुए हैं
कई रोज़ से तुम्हारी याद के मोती

वे वहाँ से आगे बढ़ना नहीं चाहते
धरती पर बिखरे पानी के दर्पण में
सिर्फ पानी ही ताकता है उन्हें
पुकारता है अपनी ओर
खींचता है चुंबक की तरह

पानी को ठहरना नहीं पसंद
मगर क्या आँख के पानी को भी?
उन्हें नहीं मिलना है उस जल में
जिस पर से कई जोड़ी पांव गुज़र जाते हैं
बिन पछताए

जिसे गाड़ियाँ रौंद-रौंद जाती हैं
अब से नहीं, उस ज़माने से
जब गाड़ियों में लकड़ी के पहिए लगे होते थे
और उन्हें हांका जाता था जोड़ी भर बैलों से

संसार में जहाँ-जहाँ भी दीखते हैं वैसे आईने
वे सब तुम्हारी याद दिलाते हैं
मुझमें तुम इतने हो कि पानी में झांकने पर
मैं उतना नहीं दीखती
जितना तुम दिखलाई पड़ते हो
फिर चाहे वह धरती पर फूटा पानी का सोता हो
या आसमान से झरता हुआ मेह

या ठिठका हुआ हो पलकों पर ओस की बूँदों-सा
या वर्षा में पपीते के फूलों पर अटके खारे मोतियों-सा
या फिर अटका रहा हो उनके पत्तों की नोंक तले।

वैजयंती खिलती है

तुम्हारी गर्दन पर दर्ज हैं
मेरे दिए चुंबनों की असंख्य तितलियाँ
तितलियाँ, जिनका वहाँ स्थायी बसेरा है
वहीं, जहाँ से मेरी गंध आती है बारम्बार
क्या तुम्हें यह ज्ञात है
मैं वहाँ अब तक कितनी बार आई हूँ?

वहीं, जहाँ आकर बार-बार छुआ है मैंने तुम्हें
आँखों से, हाथों से, होठों से बेशुमार
वहीं, जहाँ धूप भी उतरती है सधे पांव
तुम्हें बिन बताए चढ़ती है तुम्हारी देह के पर्वत
और फिर-फिर उतर आती है
तुम्हारी छाती के सघन वन तक

तुम्हारे बालों पर ठिठकी हुई
उस बैंजनी तितली को बार-बार घेर लेती है
धूप में चमकते हैं उसके पंख
जब घेरती है वह सतरंगी चमक तुम्हें
और जब तुम हँसते हो
तो विराग से भरे इस मन में वैजयंती खिलती है
खुल जाती हैं सब कलियाँ मन की
और टपकने लगते हैं वृक्षों से फल

मैं एक हाथ के फ़ासले पर खड़ी देखती हूँ तुम्हें
देखती हूँ अडोल
और उतार लेती हूँ अंतर में तुम्हारा उजला रूप
मेरे मन के कामदेव, मेरे प्रिय पुरुष!
तुम्हारे हाथों पर उतरी धूप से सोखती हूँ ऊष्मा
सींचती हूँ मन की मल्लिका
तुम्हारी आँखों के पानी से उसको जल देती हूँ
तुम्हारे पांवों की धूल तले रोपती हूँ वृंदावन।

मेरे हिस्से का आषाढ़

बिन बरसे जब बीतता है आषाढ़
तो याद हो आती है अपनी उम्र
अपनी जवानी के कितने ही बरस
प्रेम की चाहना में बीत गए चुपचाप

जीवन के तीसरे दशक के
अंतिम कुछ माह भर देते हैं और अधिक विषाद से
कितनी ही बार छाए हैं बादल घनघोर
मगर वे मेरे लिए कभी नहीं बरसे

हवाओं के साथ बह गए वे दूर देश
हवाओं की नदी में तैरते देखा था मैंने उन्हें दूर तलक
मेरे हिस्से का आषाढ़ कभी आया ही नहीं
जैसे उसे आना चाहिए था मेरे लिए
इतनी घनघोर तपस्या के बाद भी
ऐसी विकट प्यास, ऐसे बंजर से भरा रहा मेरा अंतर
जबकि जीवन के उन्तीस बरस बीत गए चुपचाप

बिन बरसे जब बीतता है आषाढ़
तो तिक्त होंठों पर बरखा का कोई चुंबन नहीं गिरता
अकुलाए कंठ में नहीं उतरता है मीठा नीर

तब जेठ के तपे पेड़ों पर कलियाँ नहीं फूटा करतीं
नहीं दिखलाई पड़ता वर्षा में नहाया नीलकंठ
झींगुरों के स्वर नहीं सुनाई पड़ते हैं साँझों में
झर जाते हैं तब चुपचाप वर्षा का जल पीने की
प्यास लिए कितने ही कनेर।

नन्हे ख़रगोश

कितने ही शब्द हैं, जो तुम्हारी याद दिलाते हैं
जाग जाता है जिन्हें देखते ही तुम्हारा ख़याल
जैसे घी से भरे आटे के उजले दीयों को
कोई कर देता हो सहसा प्रज्वलित

उतने ही पावन शब्द
तुम्हारा किशोर मन झांकता है जिनसे
जबकि तुम वह उम्र कब की पीछे छोड़ आए हो
जिससे झलकती है उतनी ही निष्कलुष हँसी
जितना चमेली के फूल हुआ करते हैं

कितने ही शब्द, जैसे गढ़े गए हैं सिर्फ तुम्हारे लिए
जैसे वे शब्द न हुए, नन्हे ख़रगोश हुए हों
वैसे ही भोले, उतने ही मुलायम
उतने ही धवल और पवित्र
जितना तुम्हारा अंतर्मन है
तुम्हारी ही तरह उछाह से भरे और गदबदे

जिनसे होकर जब-जब गुज़रती हूँ
छूती हूँ उन्हें
मेरे हथेलियों और तलुओं में उतर आता है
वह गाढ़ा गुलाबीपन

वह रोमांच, जिससे लहू में लहरें उठती हैं
जिसमें मन झूम-झूम उठता है
चेहरे पर खिल-खिल जाती है मुस्कान
मैं बार-बार पढ़ती हूँ उन्हें
और कहती हूँ हवाओं से –

ये तो तुम्हारे हैं, तुम्हारे प्रिय!
ऐसे तो तुम पढ़ते हो, तुम गढ़ते हो
तुम कहा करते हो, तुम लिखा करते हो
ये तुम्हारे ख़रगोश हैं
तुम्हारे नन्हे मुलायम रूई के गोले

जिन्हें छूने से डरती हूँ उँगली के पोर से भी
मगर फिर भी
उनसे होकर बार-बार गुज़रती हूँ
और कहती हूँ ख़ुद से
जितने परिचित ये तुमसे हुए हैं
क्या वैसा ही चीन्ह पाते होंगे मुझे भी?

किसी नन्हे शिशु-सा पोसा था हमने प्रेम

किसी नन्हे शिशु की तरह पोसा था हमने प्रेम
सींचा था उसे अपने रक्त और पसीने से
वही, जिसे जन्मा था हमने
हम दोनों ने ही
और उसका हाथ थाम गए थे नदी के तट तक

दुलारा था जिसे पागलों की तरह
और अपने उस सृजन के लिए
एक-दूजे पर मुग्ध हुए थे

पर जीवन देनेवाला
मृत्यु देने का
उतना ही अधिकारी होता है –
यह हमारे बीत जाने के बाद जाना
हम दोनों के ही

हमारे हाथों में मृत्यु को गढ़ने की तराश रही है
हुए हैं वे वैसे ही हुनरमंद और क्रूर
जैसे जीवन के आह्वान,
उसके स्वागत में उत्सुक हुए थे

हमने जीवन और मृत्यु को एक साथ
साधने की कला
एक-दूजे से ही सीखी है प्रिय!

हमने जीवन और मृत्यु को एक साथ
साधने की कला
एक-दूजे से ही सीखी है प्रिय!

बहुत प्रेम है तुमसे

बहुत प्रेम है तुमसे –
यह कहना भर 'प्रेम' कहना नहीं होता
यह तुमसे मिलकर ही जाना

कि तुम्हें 'तुम' कहकर पुकारना भी
ठीक यही कहना तो है
कि बहुत प्रेम है तुमसे।

मुझे चूमने हैं

मुझे चूमने हैं
तुम्हारी उँगलियों के शंख-चक्र
गिननी है तुम्हारे हाथों की रेखाएँ
एक करनी है तुम्हारी और अपनी हथेलियाँ
भले ही क्षण भर को घेरे हमें वह इंद्रधनुष

चूमना है तुम्हारा सुंदर गला, तुम्हारे होंठ
तुम्हारे माथे पर बार-बार रखने हैं अपने अधर
सोखनी है तुम्हारे माथे पर बरसों से ठिठकी हुई पीड़ा

ठीक वैसे ही, जैसे चूमती आई हूँ
तुम्हें अनगिनत बार
अपनी कल्पनाओं में भी मेरे प्यार!

मैं जीवित रखना चाहती हूँ
तुमसे जुड़ी ऐसी तमाम इच्छाएँ
पोसना चाहती हूँ उन्हें धान की फ़सल के जैसे

चाहती हूँ, कभी न हो विस्मृत
मेरी आँखों से वह काइयाँ रंग
चाहती हूँ, जब मिलें हम
कपास के फूलों-सा कपासी हो उठे तुम्हारा मन।

वसंत फिर लौट आया है

चुक गया है धैर्य सारा
थम गई हैं प्रतीक्षाएँ
हर आती-जाती साँस का आरोह-अवरोह
अचरज है

शब्द घायल हैं कितने ही
और वसंत,
वसंत फिर लौट आया है।

मैंने ख़ुद की हत्या की है

कुछ चुप्पियाँ, जो कभी नहीं टूटीं
कुछ शब्द, जो संवाद की आशा लिए
अटके रह गए गले में ही
और आगे बढ़े भी
तो नहीं लाँघ सके होंठों की देहरी

वह सब, जो मैं तुमसे कहने की चाह में
निगलती रही थूक
गटकती रही दो बूँद पानी
और उतार लिया सीने में फिर से

करती रही दफ़्न
कि फिर कहूँगी कभी
जो फिर कभी हुआ ही नहीं
वे दो शब्द, जिन्हें बोल ही न पाई कभी

हाय! कितना अभागा रहा मेरा प्रेम
मुझे कितनी ही बार लगता रहा
कि कितना-कितना छला है मैंने ख़ुद को
तुमसे कहीं ज़्यादा
मैंने ख़ुद की हत्या की है।

चीड़-वन की आग

अचानक से आग लगती है मुझमें
जैसे जल उठते हैं सहसा चीड़ के वन
और सब कुछ राख होता रहता है कई-कई रोज़
उस दावानल से उठती चटखन में धू-धू करके जलते वृक्ष
उसके भीतर जीवों की अकालमृत्यु, उसका धुआँ
सिर्फ मुझे ही दिखाई-सुनाई पड़ता है

और सब भस्म होकर
जल्द ही फिर उग आते हैं वृक्ष
जल्द ही फिर खड़ा हो उठता है वन
फिर-फिर आग लगती है मुझमें और
फिर-फिर वही सब दोहराया जाता है क्रमवार
मेरे भीतर ऐसे जाने कितने चीड़-वन उगे
और भस्म हुए हैं बारम्बार

इतनी बार कि मेरा जीवन चीड़-वन के
ऐसे कितने ही इतिहासों से भरा हुआ है
मगर मैं खंड-खंड होकर भी
अपने सलामत बचे हुए मस्तिष्क
अपनी आँच में तपी आत्मा
और माँसविहीन उँगलियों से

उसे कहीं दर्ज करने की क्षमता खो चुकी हूँ
यह और बात –
चीड़-वन अब तक
मेरी आत्मा में गुंथा हुआ है।

अवसाद

उन दिनों की तस्वीर में वह अब तक क़ैद है
ठीक वैसे ही
जैसे जीवन से छूट जाए
तब भी कविता में बचा रह जाता है प्रेम
प्राण नहीं खोता
वैसे ही वह मुर्दा उदासी, जो पूर लेती है मन पर
इतना घना मकड़जाल
जो कितना भी हाथ-पांव मारने पर साफ़ नहीं होता
उस काली छाया से अब तक नहीं छूट पाई हूँ

जिसमें लगता रहा कि
देह का एक हिस्सा पूरी तरह निचोड़ लिया गया
और दूसरे को निकाल लिया गया हो बेरहमी से
और मैं अपने बचे हुए हिस्सों के साथ बैठी रही हूँ
हाथ पर हाथ धरे
घंटो, दिनों, महीनों, बरसों, सदियों तक
जहाँ पहले तो आसमान में कोई आहट ही नहीं हुई
और फिर पूरा आसमान चीलों से भर गया था

देह में दर्द कभी होता था
तो कभी मैं उससे बहुत दूर निकल गई होती थी
कभी आग की तरह जल उठती थी वह लपट मुझमें

जो सबकुछ भस्म कर देना चाहती थी
कितना बचाया है मैंने उसको, कितने प्रयास किए
कितना झुलसी हूँ उस आग में
कि ढेर कुरूपताओं के बीच बचा पाऊँ कुछ सुंदर
तो यह जीवन व्यर्थ नहीं होगा
और न ही मृत्यु उतनी भीषण होगी

उन दिनों जब कभी लगता था
मेरे हाथ-पांव होकर भी वे मेरे पास नहीं रह गए हैं
उन दिनों दर्ज किए शब्दों में अब भी झलकती है
मेरे हाथों की लड़खड़ाहट
वे आढ़े-तिरछे शब्द, जिन्हें लिखा था
तकलीफ़ की स्याही से
जिन्हें लिखते हुए रो पड़ती थी बार-बार
फिर भी लिखा था जिन्हें
लिखा था क्योंकि लिखे बिना मौत नहीं आती थी
साँस भी नहीं

मेरी सीने में उठती वह आँधी, जिससे मैं बच नहीं पाई
जिसने मुझे जड़ से उखाड़ दिया और बताया
संसार का कोई भी वृक्ष तुम्हारे लिए नहीं है
कोई हरियाली, कोई हवा,
कोई ज़मीन नहीं आएगी कभी तुम्हारे हिस्से
कभी नहीं धड़केगा किसी सीने में तुम्हारे लिए कोई दिल

मैं मरघट में हूँ कि घर में
तब इसमें भी कहीं कोई भेद नहीं रह गया था
जीते जी अपने आपको मौत के क़रीब
या उससे बदतर हालत में देखने से तकलीफ़देह
क्या कोई तस्वीर हो सकती है?
ऐसी, जिसमें आसमान का सब नीला
काले में बदल जाता है

उम्मीद का आख़िरी टुकड़ा भी दूर छिटक जाता है
जीवन का सबसे सुंदर क्षण
जीवन के सबसे कुरूप क्षण में बदल जाता है
टूटे हुए शीशे की नोंक सरीखी चुभती हैं उसकी किरचें
हँसी से तब कोई परिचय नहीं रह जाता
न ही मुस्कानों से
संसार के हर व्यक्ति से भय लगने लगता है
अपने प्रति सिर्फ बचा रह जाता है अविश्वास

उन दिनों की तस्वीरों में वह अवसाद अब तक क़ैद है
वह वेदना, वह असहनीय पीड़ा
जिसमें कुरूपता ने मेरे भीतर प्रवेश पाया
और मैं लड़ती रही उससे, उन अँधेरों से
जिनमें मालूम ही नहीं
मैं कुएँ में गिर पड़ी थी कि खाई में
या समय ने संसार की
सबसे अंधकार भरी जगहों पर ला पटका था

जहाँ आज तक कभी कोई रोशनी नहीं पहुँची
मैं नहीं जानती, मैं उस अंधकार से निकल आई हूँ
या उसकी छाया अब भी मंडराती है मेरे ऊपर
या कि मेरे तन-मन पर अब भी उसके छींटें बाक़ी हैं
पर मैंने जीवन और मृत्यु के सिवा
कभी कोई तीसरा रास्ता नहीं चाहा अपने लिए
कभी नहीं चुनी कोई छोटी पगडंडी।

तुम उदासियों का कोई जंगल हो

तुम्हें कभी ख़याल तो आता होगा ना
कि क्या है, जो खींचता है मुझे तुम्हारी ओर
सोचते तो होगे ना तुम
क्या दिल नहीं चाहता कभी कि पूछ लो

कि क्या है तुम में ऐसा, जिसने बाँध लिया मुझे
कि तुम्हें देखकर चलते-चलते ठहर गई थी एक रोज़
या ठहरी हुई थी बरसों से एक जगह
किसी पत्थर की तरह
और तुम एक रोज़
किसी नदी के जैसे आकर बहा ले गए मुझे

तुम पूछ सकते हो, यह अधिकार है ना तुम्हारा
इसे देने या लेने की ज़रूरत ही कहाँ है
पर तुम कहाँ कहते हो कभी कुछ मुझसे
कहोगे भी नहीं, जानती हूँ

पर अगर तुम कभी पूछ लो, तो मैं कहूँगी
तुम्हारी उदासी
तुम्हारी उदासी कितनी आकर्षक है ना
किसी घने गहरे जंगल सरीखी
कि तुम्हारे भीतर उदासियों के
सैकड़ों ऊँचे-ऊँचे दरख़्त हैं

तुमने देखा है उन पर किसी गहराती रात
असंख्य जुगनुओं को चमकते हुए
और तुम्हारे बाल
तुम्हारे बालों में उँगलियाँ फंसा लो
तो वे उलझ ही जाएँ
कितने उलझे हुए हैं बिलकुल तुम्हारी तरह

हाँ, मैं सच कहती हूँ तुम हँसना मत मुझ पर
तुम्हारे बाल तितलियों का घर ही तो हैं
कभी देखना ख़ुद को आईने में
तुम्हें वहाँ एक तितली हमेशा बैठी हुई मिलेगी
तुम्हारी पसंद के रंग की
और तब तुम मुस्कुराओगे
मुझे याद करके कि एक लड़की मिली थी
जो कुछ भी कहती थी

पर मैं कुछ भी नहीं कहती
मैं सच कहती हूँ, तुम्हारा सच
जिसे तुमने कभी देखा तो होगा
पर जाने दिया होगा

या शायद देखा ही ना हो
और क्या पता, तुम चाहते रहे हो
कोई और तुम्हें इस तरह से देखे
और जो कोई और तुम्हें इस तरह से देखे
तो तुम उसे भीतर तो आने दोगे ना?

भटकने तो दोगे ना ख़ुद में?
टोकोगे तो नहीं?
हाथ पकड़ रोक तो नहीं लोगे?

जाने तुम यक़ीन करो या ना करो
पर मैं सच कहती हूँ
मुझे कई बार लगता है
कि तुम उदासियों का कोई जंगल हो
और मैं
तुमसे सहस्राब्दियों पहले बिछड़ा हुआ
तुम्हारा ही कोई टुकड़ा।

बस इतना-सा संबंध

मन में लहराती है अक्सर तुम्हारी छवि ऐसे
जैसे खेत में झूमा करते हैं सौंफ़ के फूल
जैसे मिर्च के पौधे इठलाते हैं
प्याज़ के फूल जैसे नाचते हैं मगन और
उनमें अटकी रहती हैं ओस की बूँदें
मेरे गले में ठिठका रहता है ठीक वैसे ही
तुम्हारे नाम का उच्चार

जैसे ठंडी हवाओं संग झूमती है बरसीम
इधर से उधर लहराती है
बलखाती है जैसे अपने ही मद में
छज्जे तक झूलती अपराजिता

तुम्हारी याद ऐसे ही लहरें लेती है मुझमें
मेरे स्वप्न में झरते हैं बकैना के फूल
उनका बैंजनी और सफ़ेद हमारा साझा रंग है

पेड़ से जैसे टपकते हैं जामुन
जैसे बेरी के फूल चुआ करते हैं
ऐसे ही मेरा प्रेम बरसता है तुम्हारे मन की ज़मीन पर
जिस पर तुम पांव धर गुज़र जाते हो बिन देखे

मेरे कपोल पर उतर आई
रुक्मिणी के फूलों की सुरखी
अनार के फूलों के रंग में डूबे
तुम्हारे हृदय की लपट को छू लेना चाहती है

मुझे बहुत बार लगता है, तुम दोपहरी का फूल हो
और मैं उससे झरता हुआ पीला पराग
बस इतना ही संबंध है हमारा कि
तुम बचे रहते हो साबुत अपने होने में
मैं बीत जाती हूँ साँझ होते-होते
हर दिन गुड़हल के फूलों जैसी।

मैं किसी कालिदास की मल्लिका नहीं

मैं किसी कालिदास की मल्लिका नहीं
जो तुम्हारे हृदय के असत्य
और मेरे हृदय के सत्य को
एक किए रहती जन्म-जन्मांतर
क्या मैंने सत्य को चुना, यही मेरा अपराध हुआ है?
या प्रेम के शावकों की मैं सबसे प्रिय क्रीड़ास्थली रही
इस कारण मैं दंड की भागी हूँ?

नहीं हूँ मैं जयशंकर की कथा की मधूलिका
जो बनाती तुम्हें दंड का भागी स्वयं के जितना ही
और कहती, यह पुरस्कार हमारा साझा है प्रिय!
वैसा साहस मैं कहाँ से लाती?

मैंने तुम्हारे कलंक भी अपने सिर ढोए हैं
बनी हूँ कलंकिनी
मगर तुम्हें बचाए रखा है प्रिय पुरुष!
जैसे माताएँ छिपा लेती हैं आँचल में
अपनी संतान को विपत्ति के क्षण में

मैं तुम्हारी माँ नहीं, बहिन नहीं,
पत्नी नहीं, तुम्हारी प्रिया भी नहीं हूँ मैं
नहीं है मेरा तुमसे कोई रक्त-संबंध

मगर मेरा तुमसे पीड़ा का नाता है प्रिय!
नाता है उस हूक का
जो मेरे हृदय में आज भी उठती है तुम्हारे लिए

तुम्हीं मेरे लिए आकाशदीप हो
मेरे जीवन का सबसे जगमग सितारा
मेरे हृदय में चंपा के हृदय-सा हाहाकार है
जहाँ प्रेम और क्रोध एक साथ पलते हैं
जहाँ घृणा विषैली कर देना चाहती है प्रेम की नदी
मगर मैं घृणा के क्षणों में भी नहीं भूल पाती हूँ यह –
मैं तुमसे प्रेम करती हूँ पुरुष!
करती रहूँगी हमारे जीवन के खंड-खंड होने तक

मैं तुम्हारे जीवन का सबसे घना अंधकार हूँ, रहूँगी
जिसे तुम कभी काट नहीं पाओगे
जैसे मैं कभी नहीं बिसरा पाऊँगी यह
कि मेरे जीवन का सबसे दुर्गम और अंतरंग हिस्सा
तुम ही हुए हो प्रिय!

तुम सब में थोड़े-थोड़े थे

तुम सब में थोड़े-थोड़े थे
कैसे समेटती तुम्हें?

इससे अच्छा तो तब था
जब तुम्हारा कोई आकार नहीं था
कोई चेहरा नहीं था
रंग-रूप नहीं था

प्रेम तो तब भी रहा था
और अब भी रहा है।

कर लूँगी दोनों के हिस्से का प्रेम

कितना आधारहीन, कितना निरर्थक है मेरा यह डर
कि एक दिन तुम्हें भी हो सकता है मुझसे प्रेम
जबकि जानती हूँ
यह कभी नहीं होना है इस जीवन
और अगले किसी भी जीवन में

कितना निरर्थक है यह ख़याल
कि एक दिन एक-से धड़केंगे हमारे दिल
एक-सा देखेंगी हमारी आँखें संसार को
और एक-दूजे को भी
जबकि यह कभी नहीं होना है फिर भी
कांप जाती हूँ इस ख़याल से भी

ख़याल, जो मेरे भीतर
चाहना की तरह उतना कभी नहीं उगा
जितना आशंका की तरह उमड़ता चला आया है

जानती हूँ, प्रेम के पीछे-पीछे
चली आती है प्रेम की पीड़ा
और बिना पीड़ा के भी कोई प्रेम होता है भला!
न ही होती है उस प्रेम की पूर्णता

मगर मैं नहीं चाहती
तुम्हारे जीवन का कोई सूरज मेरी याद में डूबे
नहीं चाहती
कि कोई सवेरा तुम्हें मेरे बिन सवेरा न लगे

मैं कर लूँगी हम दोनों के हिस्से का प्रेम
अकेले ही
जी लूँगी इस एहसास के साथ
कि नहीं करते हो तुम मुझसे प्रेम
नहीं कर सकोगे
मगर तुम्हारे दुःख का कारण बनकर
कभी नहीं जी सकूँगी मेरे प्यार!

याद तो होगा तुम्हें

बाग़ में अब भी खड़ा होगा तना, बहुवार
पास बहती नदी कलकल याद तो होगी तुम्हें
याद तो होगा उसे अंक में भरना तुम्हारा
याद तो होगी तुम्हें कोयल की मीठी तान

बुलबुलों की छेड़ रह-रह याद तो होगी
बात अंतिम, रात अंतिम और वे शीतल बयारें
गीत विरहा, हरा सावन और उसके फल
नदी में गिरते वे टप-टप याद तो होंगे तुम्हें
ताकना उस जन्म वह सब, भरे मन से
याद तो होगा तुम्हें

हाथ थामे प्रिय का जो देखते सुडौल काया
वक्ष से उसको लगाए खोदते थे नख-क्षतों से
पूछते, ओ श्लेषमातक!
क्या तुम्हारी देह पर लिख दूँ मैं प्रिय का नाम?
याद तो होगा तुम्हें

चींटियों की बांबियाँ और दीमकों के घर
बिल्ववृक्षों की जड़ें, वह भुरभुरी माटी
याद तो होंगे तुम्हें चींटियों के डंक
याद तो होगा तुम्हारे पांव में वह चुभा कंटक
भूमि को भरता लहू, वह याद तो होगा

बाग़ में अब भी खड़ा होगा तना, बहुवार
पास बहती नदी कलकल याद तो होगी तुम्हें!

(बहुवार और श्लेषमातक लसोड़ा के वृक्ष को कहा जाता है।)

ठिठकी हुई घाम

आँगन में सूखती केरियों पर
ठिठकी हुई घाम को देखती हूँ ठहरकर
प्यास से बिंधा गला लिए हुए नंगे पांव
चबाती हूँ रात भर नमक में डूबी कच्ची केरियाँ

और धूप ठीक उसी वक़्त मेरे बाएँ कंधे को घेर लेती है
धूप में ही तप रही है क्यारी में लगे कनेर की काया
काँपती है, धरती पर जब मंद-मंद चलती है पुरवाई
उसकी गुलाबी धूप ओढ़-पहन लेना चाहती है
होना चाहती है उसे पहन और अधिक चटकीली
छुड़ा देना चाहती है उसके रंग
मगर रंग नहीं छूटते
फूल भले सूखते हैं डार पर
और झर जाते हैं हर दिन
सँझा-बाती जब मंजरी से गुंथी तुलसी के आगे जलते हैं दीप

मगर यह तो दिन का तीसरा पहर ठहरा
बढ़ता हुआ आहिस्ते अपने गंतव्य की ओर
धूप जिसमें लौट रही है धीरे-धीरे
वापस जमाने को जमघट आसमान में सुरमई रंगों का
जब दूब से भरी गठरी सिर पर लादे
लौट रही है कोई घसियारिन

मैं खिड़की के कपाट थामे देखती हूँ उसकी दराँती की धार
जब कानों में सुनाई पड़ती हैं गायों की घंटियाँ
और चरवाहों की पदचाप

ताखे पर ठिठके महादेव यह देख मुस्काते हैं मंदस्मित
देखते हैं अपने ऊपर झरते हुए चाँदनी के पुष्प
जब दिन का तीसरा पहर चढ़ते
चूल्हों पर चढ़ाई जाती है साँझा की चाय
और उसमें मिलाई जाती है गुड़ की डली

जब चौपाल का बतचल बिन बुलाए भीतर चला आता है
चुनौती देता हुआ घर के कितने ही अनछुए कोनों को
तोड़ता हुआ घर की चुप्पी
जब घर के कोने-कोने में गूँज उठते हैं बोल
तब मेरे अंतर के भी वे अनछुए हिस्से
हौल उठते हैं तुम्हारे लिए
जहाँ नहीं पहुँच सकी है अब तक तुम्हारी अनुगूँज

और जब तुम कहीं नहीं मिलते
सब जगह होकर भी
तब-तब ताकती हूँ
नीम की डाल पर हिलती हुई पकी निम्बोलियाँ
आसमान में सुबह से ठिठके हुए मेघ के पाहुन
फूस की छप्पर पर अटके वर्षा के असंख्य मोती

देखती हूँ
छज्जे पर जमे पानी में खेलते हुए कपोत

करते हुए अपने हिस्से की काम-क्रीड़ाएँ
और फिर रह-रह छज्जों पर जमा वर्षा का जल पीते
हवा में झूमते फूल यह सब देखते रहते हैं चुपचाप
और देखते रहते हैं वर्षा के जल में नहाए हुए
धूप में चमकते उसके उजले पात।

तुम्हारे नाम

कितना कहा करती थी –
समय नहीं है, नहीं है समय!
क्या तुम कभी जान पाओगे
जब नहीं होऊँगी इस संसार में?

मैं तुम्हारे हाथ थामे
भादो के किसी भीषण दिन में
घिरे हुए मेघों को देखने की
हसरत लिए विदा हो गई

भादो मेरे जन्म का माह
तुम्हें याद तो रहेगा न!
घनघोर वर्षा में जन्मी एक लड़की
कितनी बंजर हुई बरसों
कितनी प्यास से भरी हुई
सूखे हुए पत्तों से भी अधिक खंक

तुम्हारे साथ बरखा में भीगने की चाह
इस संसार से विदा होने के बाद भी बची रह जाएगी
फले-फूलेगी किसी जंगली बेल की तरह सदियों
चाँदनी रातों में आसमान का तारा बन झिलमिलाएगी

जब मैं नहीं होऊँगी

क्या तुम्हें याद आएगी कभी मेरी

याद आएगी कि मुझे फूलों से कितना नेह रहा

याद आएगी कि मैं वर्षा देखकर

हर बार सत्रह की हो जाती थी

याद आएगी कि जब मेह बरसता था

मैं तुम्हें कौन से नाम से पुकारती थी

सोचोगे कभी तुम

और क्या-क्या कहा करती थी तुमसे

ढूँढ़ोगे क्या कभी मुझे

बरगद के पत्तों की छितराई धूप में

वही, जो तुम्हारी आँखों में चुभेगी

तुम्हारे सीने में बार-बार धँस जाएगी

सोचोगे, तुम्हारी एक पुकार के लिए

कैसे जीती रही थी बरसों

बीनती रही बाग के पानी में डूबी हुई केरियाँ

उस जंगली सुवास में तुम्हें ही खोजती रही बरसों

नाख़ूनों से कुरेदती रही वृक्षों की छाल

और दर्ज करती रही उन पर तुम्हारा होना

अपने हिस्से का जंगल, उसकी गुफ़ाएँ

सब लिखती रही तुम्हारे नाम

लिखती रही अपना जंगलीपन भी

ऐसी हर चीज़, जो तुम्हारी हूक में डूब गई
वह तुम्हारे नाम करती रही

कि तुम्हारे नाम किए है मैंने
अपने भीतर के सब दलदल
सब रेगिस्तान, सारे जंगल
यह माटी की काया और इसकी आदिम प्यास भी।

देह धरता अकेलापन

घर ख़ाली होते ही देह धर लेता है अकेलापन
उग आते हैं दीवारों के आँख-कान
हाथ न होने की पीड़ा से सिक्त
देखता घर में अकेली लड़की

सीढ़ियों पर चढ़ी काई की परत
तब एक इंच और बड़ी हो जाती है
दरवाज़ों का दिल ज़ोर-ज़ोर से धड़क उठता है
क्यारी में लगे गुलाब उछालना चाहते हैं
उस पर अपनी महक
समंदर की लहरों की भाँति

खिड़की पर लगे पर्दों का दिल बार-बार मचल जाता है
मुंडेर पर बैठे कबूतर के जोड़े
उसके भीतर समा जाना चाहते हैं
सपनीली धूप उड़ेल देना चाहती है
उस पर अपने सारे रंग, सारा ताप

किताबें उकेर देना चाहती हैं उसकी देह पर
अपने भीतर का अक्षर-अक्षर
खिड़की दरवाज़ा होना चाहती है
और दरवाज़ा रोक लेना चाहता है उसका रास्ता
हवाएँ बार-बार छूना चाहती हैं उसे महबूब के जैसे

लड़की खिलखिलाती है बेतरह
खेलती है धूप, हवा, पानी, आग से
फोड़ती है हँसी के रक्तिम अनार
तितली बनी फिरती है
और थककर चूर हो पसर जाती है
अपने घर के काले-सफ़ेद खानोंवाले ठंडे फ़र्श पर
वह, जो उससे कुछ नहीं चाहता।

अपनी इन बेचैनियों को कहाँ रखूँ

अपनी इन बेचैनियों को कहाँ रखूँ
जो खटखटाती हैं बार-बार तुम्हारा द्वार
मेरे हृदय में भटकती हैं बेबस
प्रेम में पगे शब्द
जो तुम तक जाकर लौट आते हैं
अनपढ़े, अचीन्हे ही

मैं शब्दों से तुम्हें छूती हूँ बारम्बार
छूती हूँ इसलिए भी कि
दर्ज हो मेरा कहा जाना
प्रेम के आसमान में
मेरे न रहने पर भी

कि मैंने तुम्हें कितने मन से पुकारा था
पुकारा था बारम्बार
अपनी अंतिम बची हुई साँस तक
तुम्हारी ही प्रतीक्षा की थी

कि निपट आधारहीन, निष्प्रयोजन
और दिशाहीन नहीं था मेरा होना

इस जीवन से मृत्यु तक की
सारी यात्राएँ तुम्हारे लिए थीं
कि मैंने अपनी हर आती-जाती साँस में
तुम्हारे सिवा और कुछ नहीं चाहा था मेरे प्यार।

मेरे हत्यारे

इस सुहावनी भोर में तुम कहाँ हो
किसके साथ और किसके ख़यालों में डूबे हुए
किसकी हथेलियाँ थामे फिरते हो
किसके बालों में टाँकते हो फूल
मैं नहीं जानती

जानती हूँ बस इतना कि
इस सुरमई भोर में
ओस में डूबी चटकती कलियों
और चहकती चिड़ियों संग बज रहा है
मेरी साँसों का संतूर
अंधकार में लिपटा सुर उठाता है
उठाता है हूक किसी आलाप की तरह
काटता है गिरहें पीड़ा के धागे से
वे जो हैं माँझे से भी घातक और तेज

करता है याद
ठीक आज ही के दिन
तुमने कभी खंजर घोंपा था
किया था घायल ऐसे
कि कितने दिन पड़ी रही थी
सूखे हुए चरमराते पत्तों के बीच

अपनी रक्तरंजित देह लिए
नाउम्मीदी के ढेर पर
जहाँ से गुज़रती हर साँस
तुम्हारा ही नाम लेकर आती-जाती थी मेरे हत्यारे!

प्रेम की मृत्यु

छल, मात्र छल नहीं थे
वे अग्नि थे
जिसमें झुलसना था बरसों
और फिर भी बच जानी थी काया
खंड-खंड होकर भी बची रह जानी थी स्मृति
बचा रह जाना था मन
ताकि फिर-फिर वहीं लौटकर आए
फिर छला जाए वह कोमल हृदय, कोमल मन

क्योंकि निरपराधियों की बलि से ही
मिटा करती है छल की बुभुक्षा
पाखंड के पहाड़ ऐसे ही ऊँचे होते हैं
छली की प्यास कभी बुझती ही नहीं
न उसे कभी दोष लगा करता है

जो लग भी जाए
तब वह ईश्वर के हाथों में ही सौंपता है
दंड के सारे विधान
जबकि सौंपना चाहिए उसे उस मनुष्य के हाथों
जिसका वह अपराधी हुआ

जिसके पांव के नीचे से ज़मीन खींच ली गई
जिसके सिर पर कोई आसमान न रहा
मगर वह सौंपता है उसे ईश्वर को
क्योंकि जानता है कि ईश्वर कहीं नही हैं

और अगर होता भी हो, तो
वह इस जन्म नहीं फोड़ेगा उसके पाप का घड़ा
कि बस एक जन्म भर की मोहलत चाहिए
बस एक जन्म की तो बात है
बस एक जन्म ही तो
खड़ा करना है पापाचार का साम्राज्य

करनी हैं हत्याएँ और बलात्कार
क्योंकि वे सिर्फ वही नहीं होते
जो किए जाते हैं सरेआम
जिनमें पता रहता है पीड़ित को
कि उसकी हो रही है हत्या
किया जा रहा है दुष्कर्म

उन हत्याओं, बलात्कारों की कभी नहीं होती कोई गिनती
जिनकी नींव में छल की ईंटें बिछी होती हैं
जहाँ भावनाओं का ख़ून सैकड़ों बार किया जाता है
जहाँ लाखों बार प्रेम की मृत्यु होती है।

आज तुम आओगे

कितना सरल है उनका जीवन
जो नहीं हुए हैं मन के बंदी
साँसों की कोटर में ठिठके हुए मन के कबूतर
फड़फड़ा रहे हैं अब उससे बाहर आने को

मन का ताप उतर आया है
पलकों के किनारे पर
जबकि पांव अभी तक धँसे हुए हैं
बंजर किनारों पर
जहाँ तक नहीं पहुँचती है वर्षा की एक भी बूँद
लोहे के तारों पर अटकी हुई वर्षा की बूँदें
देखती हूँ एकटक

टप-टप बरसता है जाड़ों का मेह
आसमान में ठिठके हैं घनेरे बादल और धुँध
झुकता चला आता है अँधियारा
जैसे अब कभी नहीं होगी इस दिन की भोर
सरसों के फूलों से झर रहा पीला पराग
धरती ओढ़-पहन लेती है

मैं भी वही धानी चूनर ओढ़े
देखती हूँ तुम्हारा रस्ता

जो तुमने थमाई थी जाते हुए
और कहा था
यह हमारे प्यार का सबसे गाढ़ा रंग है
ताकती हूँ तुम्हारी राह
जैसे तुम लौट आओगे आज
इस भरी बरखा में भी मेरे प्यार

हमारे आँगन की उसी गीली माटी पर पांव धरकर
जहाँ तुम्हारे आने से पहले ही
उखड़ रही हैं दीवारों की पपड़ियाँ
उठ रही है माटी से सोंधी गंध
तुम्हारी राह में बिछ गए हैं सैकड़ों कचनार
जैसे मालूम हो उन्हें भी
कि आज तुम आओगे...आओगे...
आओगे मेरे प्यार।

करती हूँ आह्वान अपनी प्रियतमा का

मृत्यु दिन की है प्रतीक्षा
और मैं लिपटी हुई हूँ मोगरों की गंध में
पांव में घिसती महावर
पत्थरों पर पीसती हूँ बूटियाँ और ज़हर-फल मैं
करती हूँ आह्वान अपनी प्रियतमा –
अपनी मृत्यु का

बस तुम्हीं हो
बस तुम्हीं एकली सहेली
साज करती हूँ तुम्हारे ही लिए मैं
भाल रखती हूँ नवेला रक्त चंदन
जिह्वा से अपनी उसे आस्वाद करना
गाड़ देन कील फिर अधिकारपूर्वक

बोल देना इस चराचर स्वार्थी नश्वर जगत से –
मैं तुम्हारी...मैं तुम्हारी....मैं तुम्हारी!
बाँध आलिंगन में फिर
प्रगाढ़ चुंबन से जहाँ चाहो
वहाँ तुम बेधना तन
खींच लेना देह से फिर

रक्त भी और श्वास भी तुम
खींचना सब कामनाएँ, वासनाएँ
और अधूरे स्वप्न जो पूरे हुए न

माँस चखना, रक्त पीना और चबाना चक्षुओं को
चाहती हूँ और बलशाली बनो तुम
केश मेरे रक्त में भिगोकर
लेप लेना उनसे फिर घर-द्वार अपना

अनछुई हूँ चिर-कुँवारी ओ सखी मैं
प्रिय तुम मेरे हज़ारों खंड करना
स्वर्ग में या नर्क में या इस धरा में
कहीं तो मेरे लिए स्थान करना।

कितनी जल्दी बुझ जाता है मन

कितनी जल्दी बुझ जाता है मन
शीत हो रहता है
खो देता है उम्मीद
सिर पटकता है दिल के दरवाज़ों पर
होता है घायल, आवरणहीन और निहत्था

होता है उतना ही धूमिल और चमकविहीन
जैसे सूरज के निकलने पर हल्के नीले आसमान में
ठिठका हुआ फीका चाँद दिखलाई पड़ता है
अपने आख़िरी अक्स के साथ हर क्षण धुँधलाते हुए

माथे की नीली नसें शीत से पाती हैं अपना पोषण
जैसे कोहरे में ही सबसे घनी हुआ करती है गेहूँ की फ़सल
सर्दियों के वे दिन
जिनमें हाथ को हाथ नहीं दीखता
उनमें और हरी होती हैं
शरीर की वे अज्ञात पगडंडियाँ
जिन पर पीड़ाएँ विचरण करती हैं

जहाँ ग्यारह मास बिखरा रहता है
उनका साम्राज्य सुप्तावस्था में
और जाग जाता है साल के आख़िरी माह में
किसी अभिशाप मिले हुए दैत्य की भाँति

न बेरियों के वृक्षों से टपकता शीत
न आग से उठती चिंगारियाँ
न गुड़ की डली
न ही पक्षियों की चह-चह
कोई भी तो नहीं हर पाता वह अवसाद
जो बात-बेबात करवट लेता है साँझ-संकारे
और थरथराता रहता है मन
रेल की पटरियों की भाँति

वैसी ही विदा की हूक उठाता है रह-रह
जैसी बेटियों की विदाई के वक़्त
बिखरी होती थी अतीत में
गोबर-माटी से लिपे कच्चे घरों के आँगन
और उनकी मुंडेरों तक में
उतर आती थी वह मुँहछुआई की आख़िरी घूँट में भी
जो बताती थी
कि इस यात्रा में कहीं कोई गंतव्य नहीं है

एक हूक है, जो चिता तक साथ-साथ चलती है
एक अनरवत प्यास है, जिसे बुझाने के लिए
हमने कितनी जगहें, कितनी दुनिया,
कितने लोग नाप डाले हैं
कितनी देहें टटोली हैं और कितने तो मन

मरकर भी नहीं मरती है वह प्यास
मिटकर भी नहीं मिटा करती है

सारी पीड़ाएँ, सारी इच्छाएँ,
सारी कामनाएँ, सारी वासनाएँ
प्रेत हुई हैं
और सुख –
सुख सिर्फ पौष की किसी अंधियारी रात में
झूमकर हुई वर्षा भर है।

प्रेम का मुक्ताहार

पीठ पर लादे अकेलेपन का पतझड़
वह बेल, जिसके सब फूल-पत्ते झर चुके हैं
देखती हूँ तुम्हारे हाथों पर बिखरी हुई धूप

हर उस शख़्स से ईर्ष्या रखती हूँ
जिनसे तुम बातें किया करते हो
जिन्हें देखते हो मुहब्बत की नज़र से

और तब हँसती हूँ अपने बचपने पर
जो बरसों बाद लौट आया है तुम्हारे कारण
मेरा बचपन, मेरा कैशौर्य, मेरा यौवन
जैसे सब तुम्हारे लिए प्रतीक्षारत थे

पड़ोस में खड़े विशाल पीपल को देखकर
अक्सर तुम्हारी याद हो आती है
झर-झर बहने लगते हैं आँसू
जबकि नहीं जानती कि
पीपल से तुम्हारा क्या नाता है?

घने अंधकार में सिर्फ तुम्हें सोचती हूँ
टटोलती हूँ तुम्हारा चेहरा
तब याद हो आती है
तुम्हारे हाथ पर ठिठकी हुई धूप की तितली

सुनती हूँ तुम्हारी झिड़कियाँ
अप्रेम में भी ढूँढ़ लेती हूँ प्रेम
जितनी बार तुम तोड़ते हो मेरा मन
मैं उतनी ही बार जोड़ लेती हूँ
और करती हूँ गले में धारण
प्रेम का मुक्ताहार।

मैं छू सकती हूँ तुम्हारा दुःख

मैं छू सकती हूँ तुम्हारे दुःख को
ठीक तुम्हारी तरह भले ही नहीं
मगर छू सकती हूँ

मेरे निकट चला आता है वह निःसंकोच
तुम्हे बिन बताए भी
तुम्हारी तरह वह नहीं है अनभिज्ञ
कि तुम्हारे लिए जीती है एक लड़की
तुमसे करती है बेहिसाब प्रेम

तुम्हारे सुख मुझसे होकर भले कभी नहीं गुज़रते
तुम्हारे दुःखों को मुझसे होकर गुज़रने में
कभी नहीं होता कोई संकोच

उन्हें मालूम है वह भी
जो तुम नहीं जानते
कि मुझसे होकर भी एक राह तुम तक जाती है।

यह मृत्यु ही है

वासना की लकीर इतनी क्षीण रही है मेरे भीतर
कि कोई एक मुट्ठी मिट्टी डाल दे
और वह नष्ट हो जाएगी हमेशा के लिए
जीवन के लिए भी नहीं दिखलाई पड़ती है
कोई साफ़ पगडंडी

इतना घना बिखरा है अंधकार कि
कही से भी नहीं फूटती है कोई उजाले की किरण
इतना निरर्थक लगता है जीवन कि
मैं बार-बार करती हूँ मृत्यु का स्मरण
जबकि क्या यह मृत्यु नहीं है

हाँ! यह मृत्यु ही है
जीवन से बड़ी भी कोई मृत्यु होती होगी क्या
जीवन, जो अंतहीन मृत्यु से भरा हुआ है
सबसे अधिक उन क्षणों की
जिन्हें हम सुख की तरह देखते हैं
जबकि देखना चाहिए उन्हें भ्रम की तरह

यह जो लहराता है मेरे भीतर भावनाओं का ज्वार
इसका कहीं कोई अंत नहीं है
नहीं होगा मेरे बीत जाने के बाद भी

कलेजे में यह जो उमड़ रहा है
यह जो मारा-मारा फिरता है
इसे कहाँ रखूँ, यह कौन बताए
इतना अधैर्य लेकर कौन-से वृक्ष से लिपटकर रोऊँ
इतनी विरक्ति लेकर चढ़ूँ मैं कौन-सी देहरी?

मेरे भीतर की रक्त-नदी

मेरे भीतर की रक्त-नदी में
आंदोलन करते हैं तुम्हारे शब्द
जबकि तुम उन्हें छोड़कर बढ़ गए हो कितना आगे
मगर यह बीहड़-वन, ये हवाएँ
तुम्हें कभी नहीं भूलतीं

वृक्षों से झरती सूखी फलियाँ
चटखते हुए नहीं भूलती हैं तुम्हें पुकारना
काँटे-काँटे की नोक पहचानती है तुम्हारा रक्त-माँस

वृक्षों के तनों से आज भी लिपटी हुई है
तुम्हारे पसीने की गंध
परिचित हैं तुमसे वे कलियाँ भी
जो ठीक अभी-अभी फूटी हैं ताज़ा-दम
अभी-अभी दिखलाई पड़े हैं उनके रक्त-रंग

न ही भूलती हैं तुम्हें रक्त-नदी की भूखी जोंकें
वे कभी नहीं भूलतीं तुम्हारे रक्त की मिठास
तुम्हारे माँस-सा स्वाद उन्हें कहीं और नहीं दिखता
न ही यह कि
हमारे बीच कभी कोई रक्त-कहानी रही है
वे सिर्फ रही हैं इस बात से अनभिज्ञ कि

हर प्रेम-कहानी में एक रक्त-कहानी हुआ करती है
और उसमें एक की नोंच ली जाती हैं हड्डियाँ तक कि
एक को हर सूरत पक्षाघात दिया जाता है

मेरे भीतर की रक्त-नदी में
पिछली एक सदी से डोलते हैं तुम्हारे शब्द
बहता है तुम्हारा स्पर्श किनारों पर विचलित
मैं उसी बचे हुए एहसास को सौंपती हूँ
अपना मन, अपनी देह
जो तुम छोड़ गए हो मेरे पास

लौट-लौट आती हूँ उसी मुहाने पर
छूती हूँ बार-बार वह तटबंध
जहाँ विगलित हुई हैं
हमारी कामनाएँ अनेकों बार
जहाँ वे आज भी तैर रही हैं केसर बनकर।

तुम्हारे शहर में बारिश

तुम्हारे शहर में मेह बरस रहा है शाम से
अभी-अभी फ़ेसबुक पर बताया है
किसी ने दुनिया को
मगर उसे कोई एक थाम लेता है
कोई ऐसा, जो तुम्हें अपनी दुनिया समझता है
तुम्हीं को अपनी बारिश
और बारिश में सरसराती गीली हवा भी

वह तुमसे कभी नहीं कह सकेगा
कि पिछले आठ घंटे से
जब तुम्हारे शहर में
बरसात थमने का नाम नहीं लेती
उसके शहर में हँसुली-सा चाँद निकला है
दूर-दूर गमकते हुए छिटपुट तारे भी

कि उसका शहर तप रहा है भट्ठी-सा
उगल रहा है धधकते अंगारे
और पेड़ों पर ख़ुशबू उड़ेलते
सारे फूल प्यास से अकुलाए हुए हैं
उतनी ही प्यास से भरे, जितना वह प्यासा हुआ है

वह तुम्हें कभी नहीं बताएगा
न पूछेगा यह कि
तुम्हारे शहर की हवा आज कितनी गीली हुई है
क्या उतनी ही, जितना तुम्हारा मन रहता है
वह नहीं पूछेगा तुमसे कि
तुम्हें बारिश कितनी पसंद है
क्या उतनी ही, जितनी उसे

वह नहीं पूछेगा कि
क्या तुम भी खिड़की पर खड़े होकर देखते हो उसे
या तुम भी चौखट पर बैठकर सुनते हो उसका शोर
या छज्जे के नीचे पसरकर
सुनते हो वह रोंगटे खड़े कर देनेवाला संगीत
वह लय, वह धुन, जो नस-नस में पैवस्त हो जाती है

वह नहीं पूछेगा कि
जब आसमान में बिजली कौंधती है
तुम्हें वह कौंध अपने भीतर तक महसूस होती है
या यह कि
तुम्हें कैसे लगते हैं
वे घड़ी-घड़ी पानी के बनते-बिगड़ते बुलबुले

नहीं पूछेगा वह कि
क्या तुम्हें भी बीच बारिश
आधी रात अदरकवाली चाय की तलब होती है
या तुम्हें भरी बरसात आधी रात आँगन में नाचता
वह लौंग का हरियल पौधा और अधिक सजीला लगता है

नहीं पूछेगा वह कभी तुमसे कि
आधी रात में जब पानी गिरता है
तब तुम्हें सबसे अधिक किसकी याद आती है
क्या तुम्हारे मन में भी हूक उठती है कभी
वैसी, जैसी उसके मन में उठा करती है तुम्हारे लिए
न ही यह कि
तुम्हारे शहर की बरसात
उसके शहर से कितनी अलग होती है।

नहीं होता वक़्त अब तुम्हारे पास

नहीं होता वक़्त अब तुम्हारे पास मेरे लिए
तब तो नहीं ही होता
जब दिन हो रहे होते हैं छोटे
और पता ही नहीं चलता कि
कब सुबहें शामों में बदल जाती हैं

तब भी नहीं होता, जिन दिनों
दिन होते हैं एक उम्र जितने लम्बे
और कितनी ही बार दोपहरी काट खाने को दौड़ती है

जब दुनिया भर की प्यास और वासनाएँ
किसी दोपहर गले में आ अटकती हैं
और अटकी ही रहती हैं
भर देती हैं हमें एक अजीब-सी छटपटाहट से
जब नहीं दिख रहा होता मुक्ति का कोई भी मार्ग

तब तो नहीं ही होता
जब कभी ग़लती से आ जाता है तुम्हें मेरा ख़याल
और तुम सिर झटककर काम में जुट जाते हो
तब भी नहीं होता
जब मैं कर रही होती हूँ मनुहार

मैंने कितनी ही बार तुम्हें याद करके
उदासियाँ ओढ़ी हैं
और फिर झटक दिया है अगले ही पल
कोई बहुत पुराना अच्छा-सा दिन याद करके
और कितनी ही बार दिए हैं ख़ुद को झूठे दिलासे
पर अब यह असम्भव जान पड़ता है

कितनी ही बार भरने लगती है
मुझमें विद्रोह की भावना
अब यह और नहीं होता मुझसे

यूँ लगता है
जैसे वक़्त अब गुज़र नहीं रहा, गुज़र चुका है
जैसे रेत मुट्ठी से फिसल नहीं रही, फिसल चुकी है
कुछ ठहर गया है जैसे, अब कहीं कोई हलचल नहीं
ख़बर यह भी नहीं ठीक-ठीक कि अब मैं कहाँ हूँ
यह जो कुछ घटा है
इसके आगे खड़ी हूँ या इसके पीछे

कई बार मैं सोचती हूँ
कितने अच्छे रहे वे दिन
जिनमें बची रहीं उम्मीदें
बचा रहा तुम्हारा होना
और बची रही मैं

मुझे कितनी बार लगता रहा तब
जब-जब अपनी आँखें बंद कर
महसूस किया तुम्हें अपने आस-पास ही कहीं
कि देख रहे होते हो तुम मुझे
बस हाथ नहीं लगाते

जैसे ये मेरी पलकें नहीं
कोई तपता हुआ रेगिस्तान है
जो प्यासा है
बरसों से तुम्हारी राह देखता
कि तुम आओगे कभी
और रख दोगे अपने होंठ
मेरी मुंदी हुई पलकों पर
और सोख लोगे सारा ज़हर
उतार फेकोंगे एक ही पल में सारा ताप

कई बार मैं सोचती हूँ
कि कभी तो तुम्हें
छू लेना चाहिए था मुझे
और कर देना चाहिए था अपवित्र।

प्रेम में डूबने पर

मृत्यु अगर आकर लौट भी जाए
तो निशान छोड़ जाती है अपनी तबाही के

मेरे सिर के कई हिस्सों के बाल फिर कभी नहीं लौटे
इस जन्म में फिर उनके लौटने की संभावना
उतनी ही क्षीण हो चुकी है
जितनी फिर कभी इस जीवन में प्रेम के लौटने की

चेहरे पर उग आए वे दाग़ भी कहाँ लुप्त हुए
जैसे उग आते हैं बरसाती मौसम में उड़द के पत्तों पर
कितनी तरह के उपचार होते हैं सौंदर्य निखारने के
मगर एक भी बूटी तो ऐसी नहीं संसार में
जो वैसी कांति लौटा लाए
जैसी दमक एक स्त्री के चेहरे पर
प्रेम में डूबने पर होती है

साँसें फिर कभी उस लय पर
उस तरह नहीं थिरक पातीं
जैसे उन्हें थिरकना चाहिए हमेशा
एक तीर कलेजे में धँसा ही रह जाता है
मृत्यु भी उसको नहीं विलगा पाती

एक स्त्री के जीवन में घिर आया अंधकार
पूरी तरह फिर कभी नष्ट नहीं होता
जो हो भी जाए
तो छींटे बचे रह जाते हैं उसके
वैसी जिजीविषा फिर कभी नहीं जागती उसमें
जैसी होती है प्रकृति में बार-बार नष्ट होकर भी

फिर-फिर जी उठने
संसार को सँवारने की वह अदम्य क्षमता
जबकि स्त्री कितनी ही बार
उसका हिस्सा होकर भी चूक गई है उस गुण से
खो बैठी है साहस
क्योंकि साहस की भी सीमा होती है
दुःस्साहस पर भले ही न रहता हो कोई बाँध।

वे नहीं भूलतीं अपना स्त्री होना

तुम उनके अपराधी हो, वे नहीं कहेंगी प्रत्यक्ष
कहेंगी मन में, जब-जब उमड़ेगा ज्वार
जब-जब आसमान में छाई काली बदली
और तुम्हारे कारण उनके हिस्से आई कालिख में
उन्हें कोई अंतर नहीं दिखाई देगा

वे कोसेंगी तुम्हें
और अगले ही क्षण तुम्हारे लिए प्रार्थना करेंगी
करेंगी तुम्हारी सलामती की दुआ
तुम्हारे उज्ज्वल भविष्य की कामनाएँ

ईश्वर भी नहीं जान पाएगा ठीक-ठीक
वे आख़िर चाहती क्या हैं तुम्हारे लिए

करेंगी माँओं-सा दुलार, बहिनों-सा लाड़
दोस्त-सी सलाह सौंप देंगी तुम्हें
मगर नहीं भूल पाएँगी अपना प्रेमिका होना
वे जो अब नहीं हैं
मगर जिसकी काया अब तक सूली पर चढ़ी है

और अगर वे यह भूल भी जाएँ
तब भी नहीं भूल पाएँगी अपना स्त्री होना
एक स्त्री सब कुछ भुला सकती है
मगर वह कभी नहीं भूलती अपना स्त्री होना

ये गुण-अवगुण उन्हें ईश्वर ने नहीं सौंपे
ये उन्होंने अपने आप को सौंपे हैं
यह उनके होने की नींव है
जिस पर टिके हुए हैं उनके पांव
और उन्हें ढहा देनेवाले सबसे धारदार
सबसे नुकीले हथियार भी ये ही हुए हैं

एक स्त्री कभी कुछ नहीं भूलती
क्योंकि अपने अस्तित्व
अपनी यातनाओं की साक्षी
सबसे अधिक वही होती है
अपने स्त्री होने के दंड
मनुष्य होने के दंड
प्रेम में होने के दंड
अपने कोमल से कोमलतम होने के दंड
और बार-बार अपने इस्तेमाल होने
छले जाने के दंड की पहली गवाह भी

वह कभी नहीं भूलती कि उसके साथ क्या हुआ
नहीं भूलती उसकी सज़ाएँ, उसके सुख
उसकी आँखों से बहा खारा जल

उसके होंठों का चखा हुआ अमृत

उसके सीने के समुद्र, नदी, नाले, पर्वत-पठार

उसके बंजर मैदान, हवा

वह कभी कुछ नहीं भूलती

अपने अंतिम क्षण तक।

पवित्रता की नदियाँ

कितने आँसू ज़ाया हुए हैं अपात्रों के लिए
संसार का सबसे पवित्र जल यूँ ही बहाया गया
फिर भी नहीं सूखती है वह नदी

पवित्रता की नदियाँ कभी नहीं सूखा करतीं
और जिस धरती से वे सूख जाती हैं
वहाँ आसमान टूट पड़ता है

परिंदों की होती है अकाल मृत्यु
सभ्यताएँ वहाँ नष्ट होती हैं
मनुष्यता वहाँ बार-बार हताहत होती है

उजाले की आँखें पहले तो फूटती ही नहीं
अपने लिए ढूँढ़ ही लेती है कोई-न-कोई सुराख़
घने अंधकार में भी

और जिस रोज़ वह फूट जाती है
संसार अंधेपन का शिकार हो जाता है।

उनकी मृत्यु का स्वाद

मुझसे वे लड़कियाँ कभी नहीं भुलाई गईं
जो बे-मौत मारी गई थीं
उनकी उम्र सोलह, पच्चीस या बत्तीस
कितनी भी हो सकती है
उम्र का उन्हें मार देने से
कोई विशेष लेना-देना नहीं था

कुछ को उनके माता-पिता ने मार दिया
कुछ को उनके प्रेमियों, पतियों और भाइयों ने
कुछ समाज के भाले की नोक पर चढ़ गईं
कुछ विश्वास और ईमानदारी की भेंट चढ़ाई गईं
कुछ को उनके अपने आप ने ही चैन से ना जीने दिया

वे बरसों तक कितनी ही बातों पर
ख़ुद से होती रहीं शर्मिंदा
और अंततः उन्होंने ख़ुद को नष्ट कर लिया

किसी बड़े लेखक ने कहा था एक बार –
'आत्महत्या भी एक तरह की हत्या होती है'
होती है ऐसे कि
उस हत्या और ख़ुदकुशी में
कोई विशेष अंतर नहीं रह जाता

धीमी मृत्यु उनके गले का हार होती है
और संपूर्ण मृत्यु हारों का हार होती है

धू-धूकर जलती उस लड़की की चिता
उसकी अकालमृत्यु में
जिसे मार दिया गया था पिता की सहमति से
जिसे मार दिए जाने पर
पूरे गाँव की मौन सहमति भी शामिल रही थी
सबसे हिस्से उसका ख़ून आया था

मुझे लगा था
मेरी भी हथेलियाँ उसके ख़ून से सन गई थीं
उस बात ने कई दिनों तक
मेरे हलक में निवाला नहीं जाने दिया
मुझे लगा, उसकी मृत्यु मेरे भीतर भी भर गई है

लगा यह भी कि
किसी भी दिन
ठीक उसके जैसी दुर्दशा को
मैं भी प्राप्त हो सकती हूँ या कोई भी लड़की
क्योंकि पुरुषवादी इस समाज के मुँह को
ना जाने कब से लगा हुआ है लड़कियों का ख़ून

अक्सर सुनती आई हूँ अपने लिए
कुछ ही मिनटों में ख़त्म कर दिया जाएगा मुझे
तब-तब नहीं समझ आया है

कि क्या इतना बड़ा गुनाह होता रहा है मुझसे
कि मैं हर बार सिर्फ हत्या की अधिकारी होती हूँ
मैं हर बार होते देखती हूँ अपनी शाब्दिक हत्या
और हर बार एक मौत मरकर फिर जी उठती हूँ अपने लिए

तब-तब याद आती रही हैं मुझे वे लड़कियाँ
जिन्होंने जब-जब अपने लिए जीना चाहा
उन्हें मार दिया गया उनके सबसे प्रिय पुरुषों द्वारा
वे कोई भी हो सकते थे, होते ही रहे हैं
जन्मदाता से लेकर जीवनसाथी तक
पर सबसे दुःखद यह था कि वे उनके प्रिय पुरुष भी रहे थे
वे ही, जो बार-बार चखते रहे हैं उनकी मृत्यु का स्वाद
उनके कपाल में भरकर पीते रहे हैं उनका लहू।

विकल्पहीनता

कितना आडंबरपूर्ण है पुरुष का प्रेम
कितनी छलनाओं और स्वार्थ से भरा
कि उसके पास ऐसा एक भी चुंबन नहीं है
जो स्वार्थ से रहित हो

जो पाने की कामना से मुक्त
सिर्फ देने की चाहना से भरा हो

तब इतने छल-कपट से भरे पुरुष को चाहना
स्त्री की नियति है या विकल्पहीनता
कि उनके पास ना ही प्रेम का कोई विकल्प है
और ना ही पुरुष का।

माँझा हुआ फ़िल्मकार

त्रासदी दर्ज करता है वह
किसी स्त्री के जीवन को त्रासदी में बदल
या शायद कइयों के

इसे ऐसे भी दर्ज किया जा सकता है कि
किसी एक स्त्री के साथ किए गए अनर्थ की आग
उसकी आनेवाली कई पीढ़ियों तक बुझाए नहीं बुझती

नोंचकर उसका माँस
क्षत-विक्षत कर उसका मन
वह चित्रपट तैयार करता है
दर्ज करता है उसमें नंगी आवाज़ें
विक्षिप्तों की कराह, उनका लहू
उनकी आसमान को छूने की आतुर पुकार
उनके फड़कते होंठ
उनके साथ हुई बेईमानी
उनके फटे हुए कंबल
कीचड़ में सनी गंधाती देह
भिखारियों, कोढ़ियों, अंधे-लूले-लंगड़ों की गाथाएँ कहता है

वह नहीं पुकारता उन्हें
उन्हें दिए गए

किसी टुच्चे राजनैतिक नाम से
उनके होंठों से बहती हुई लार
उनकी सूखी पपड़ियाँ
उनका मानसिक विचलन और यह भी कि
असभ्यों में कैसे एक सभ्य
असभ्य होकर जी नहीं पाया
भले ही उसके हिस्से विक्षिप्तता आई
मगर वह वापस मनुष्य से जानवर में नहीं बदला
उनके वैसे होने के कारणों की पड़ताल करता है
पाताल में भी जाकर

दुनिया बदलने निकला है वह
या मात्र पीड़ाओं को क़ैद करने के लिए
दुःखों को पुकारता है
विडम्बनाओं को दर्ज करता है कैमरे की आँख से
परोसता है संसार के समक्ष नुची हुई तितलियाँ
मैं नहीं जानती कि
उसके जीने के तय मानक क्या हैं

मगर यह जानती हूँ मैं कि
त्रासदी दर्ज करता है वह
एक स्त्री का जीवन त्रासदी में बदलकर
या शायद कइयों का
वह एक मँझा हुआ फ़िल्मकार है।

सैर कर दुनिया की ग़ाफ़िल

किसी बारिश वाले दिन की एक दोपहर
अपने कमरे की खिड़की पर बैठी
किसी मैग्ज़ीन के पन्ने पटलते हुए
एक साधारण-सी घरेलू महिला
बार-बार यह पंक्ति दोहराती है –
वह आगे बढ़ना चाहती है...

पर जैसे अटक जाती है वहीं पर
उँगली के पोर से छूकर देखती है गाढ़े अक्षर
और सोचती है –
क्या यह बात स्त्रियों के संदर्भ में भी लागू होती है?

स्त्रियाँ यानी मुझ जैसी स्त्रियाँ
जो जीवन भर चूल्हे-चौके में जुती रहीं
जिन्हें ख़बर ही कहाँ रहती है कि
वे कब तीस से चालीस की दहलीज़ पर पहुँच जाती हैं
या वे अब कैसी दिखलाई पड़ती हैं

वे, जिनके हिस्से न ठीक से ज़िंदगानी आती है
न नौजवानी
और सैर से कहाँ उनका दूर-दूर तक कोई लेना देना होता है
वे कहाँ समझती हैं इस शब्द का मतलब भी

हालांकि जो समझ पाती होंगी
वे ज़रूर दुनिया की सबसे ख़ूबसूरत और
ख़ुशनसीब स्त्रियाँ होती होंगी

वे तो बस इतना जान पाती हैं
कि तमाम टेढ़ी होती निगाहों के बीच
कुछ देर मुंडेर या घर की छत पर खड़े होना भर
दुनिया की सैर कर लेना है

जिनके लिए साल या छह महीने में एक बार
किसी पहरेदार को साथ ले बाज़ार
या हर सोमवार शिव मंदिर का चक्कर लगा लेना भर
दुनिया की सैर कर लेना है

जिनके लिए दुनिया की सैर करने का मतलब है
किसी त्योहार या छुट्टियों में मायके में
कुछ दिन ठहरकर बँधी हुई समय-सीमा में वापस लौट आना
या किसी रात संकोच की चादर को दूर फेंक
दोनों हाथों से अपने मरद की छाती नाप लेना भर।

वेश्याओं का जीवन

वेश्याओं का जीवन
हम जैसी स्त्रियों से कहीं बेहतर था
कल ही तो कह रही थी वह स्त्री
जो स्त्री कम और पुरुष अधिक नज़र आती थी
जिसकी भाषा और नज़रों से
वैसी ही हिकारत का बोध होता था

वह कह रही थी कि
हम वेश्याओं से भी गई गुज़री स्त्रियाँ हैं
क्योंकि उनका कुछ भी किसी को मुफ़्त में नहीं मिलता
जबकि हमारा सब कुछ मुफ़्त है, प्रासादिक है
और हम प्रसाद की तरह ही बँटती आई हैं थोड़ा-थोड़ा सबमें

कितनी ही जगहों, रिश्ते-नातों और कितने ही पुरुषों में
एक से दूसरे, दूसरे से तीसरे, तीसरे से चौथे पुरुष तक
वे हमें भोगकर छोड़ते आए हैं
और यह लाँछन भी छोड़ गए हैं हमारे माथे कि
कितने ही पुरुषों के संग मनाई हैं हमने रंगरलियाँ

जबकि हम जैसी स्त्रियों ने कब करना चाहा था
एक से दूसरे, दूसरे से तीसरे
और तीसरे से चौथे तक का सफ़र

उस रोज़ उसका शब्द-शब्द खंजर-सा चुभा था मन में
सत्य चुभता ही है
वह आईने की तरह अचानक सामने आ खड़ा होता है
धूप की किरणों-सा धँसने लगता है भीतर
सच कहा था उसने
सोचा तो यही पाया कि
कितना सच कह रही थी वह स्त्री
जबकि जानती हूँ यह सच भी कि
वेशयाओं से ठीक यही सवाल किया जाए
तो वे इसका उल्टा कह देंगी।

बेपरवाही तलाशती लड़की

बेपरवाही तलाशती लड़की
जिसे वह भूल आई थी सालों पीछे
या यह कहें, तो ज़्यादा ठीक होगा कि
छोड़ आई थी एक रोज़
किसी ऐसे इंसान के लिए
जिसे वह कह सकती थी
जिसे कहना था उसे कि
जानते हो –
मुझे बेपरवाह लोग पसंद हैं, पर लापरवाह नहीं
दोनों का फ़र्क़ समझते हो मेरी जान?

तुमने महसूस किया है कभी
देख पाए हो
किसी के मन में उमड़ते काले-काले बादल
जो बरसना चाहकर भी कभी बरसते नहीं?
और आगे भी कब बढ़ पाते हैं

उन्हें सोख लेता है सूरज
बादलों को दाग़ बनते देखा है
देखा है उन्हें काले धब्बों में तब्दील होते?

तुम तो यह भी नहीं देख पाए हो ढंग से कि
कितनी गहरी हो सकती है नाभि की गहराई
कि तुम औंधे मुँह उस कुएँ में गिर भी सकते हो
अगर वह स्त्री चाहे

जान भी ले सकती है वह तुम्हारी
साँसें रोक सकती है
वह भी उन तरीक़ों से
जो तुम्हारी सोच की जद में भी नहीं आते
जिस पर सदियों तक अचंभित हो सकते हो तुम

पर वह ऐसा कुछ नहीं करती
ऐसा नहीं कि उसके भीतर कभी नहीं उमड़ता विद्रोह
या सिवाए प्रेम के उसने कुछ सीखा ही कब है
कि उसे सही और ग़लत कब समझ आता है
ग़लत को सही करना उसे आया ही कब है

उसने कब किए ज़िंदगी में फैले हुए जाले साफ़
वह ले ही कब सकती है कठोर निर्णय
वह नाज़ुक औरत जानती ही कब है पाषाण होना
तुम लगा सकते हो एक औरत की निर्ममता का अंदाज़ा?

उस रोज़, जब टप-टप गिरते प्रेम से
हथेली जल गई थी तुम्हारी
उसी ने डुबाया था तुम्हारा हाथ नदी के जल में

और उसकी मन की कोमलता पर मुस्कुरा रहे थे तुम
उसकी आँखों में उतर आया नमक
तुम्हारे मुँह का स्वाद बढ़ा गया था

रीझे नहीं थे तुम उस पर
तुम्हें कब चाहिए था प्रेम
तुम्हे तो चाहिए था
उसकी देह से रक्त की आख़िरी बूँद तक निचोड़कर
उसे खूँटी पर टांग देना

पर क्या तुम कभी सोच पाए हो
कि रक्तविहीन औरत भी
भावनाओं से रिक्त नहीं होती कभी राख होने तक
सोचो –
अगर कभी वह भावनाओं के ज्वार समेत
हिसाब-किताब करने
तुम्हारे जीवन में फिर लौट आए तो...

तुम्हें ही देख कचनार गुलाबी होता है

संसार में होंगी तमाम जादूगरनियाँ
मगर मैं सिर्फ तुम्हें जानती हूँ
तुम्हारी आँखों का कज्जल
तुम्हारे सीने की आँच
सब उतने ही मेरे हुए हैं
जितने कि वे तुम्हारे हैं

संसार की तमाम रेलों में
किसे तलाशती हैं तुम्हारी आँखें
क्या पता शायद मुझे ही
तुम, जो बिखेरती हो मधुकामिनी
और संसार भर महक उठता है इत्र से तुम्हारे
तुम्हारी इठलाती हुई अलकें
जिनके स्याह में फूट-फूट पड़ती है चाँदनी

तुम, जिसकी गोद में उदासियाँ भी मुँह छुपाती हैं
किसी अबोध बच्चे-सी
और किसी के भी हिस्से का इंतज़ार
तुम्हारी पीठ से लग सुस्ता लेता है थोड़ी देर
पा जाता है छाँव

तुम्हें ही अचरज से ताकता है तुम्हारा प्रिय अमलतास
तुम्हें ही देखकर कचनार गुलाबी होता है
तुम्हारी ही याद में हुलसते हैं देवदार
और झूम-झूम उठती है सरसों
तुम्हारी ही तलाश में भटक रहे हैं
सब बौराए हुए कुहासे

पथरीले पथ पर नदी-सी फूटती हो
बहती हो अविरल
तुम जो धुँध-सी छाती हो
फुहार-सी झरती हो मनमोहिनी
तुम, जो कोयल से भी मीठा बोलती हो
कहाँ से लाती हो इतना पराग
इतनी मिठास
इतना वसंत मृगनयनी!

तुम अगर होती
(नानी के लिए)

तुम अगर होती, तो उठाकर रख लेती
मेरे हिस्से के खेल-खिलौने
ठीक वैसे ही, जैसे पहले रखा करती थी
तुम होती, तो चूम लेती मेरी दोनों हथेलियाँ
माथे पर एक बोसा रख देती
और बिगाड़ देती मेरे बने हुए बाल

तुम अगर होती, तो पोंछ डालती मेरे आँसू
अपनी कमज़ोर हथेलियों से
या फिर ख़ुद ही रो पड़ती मेरे साथ
और कहती –
'चुप हो जा
चुप-चुप...एकदम चुप
नहीं, तो हमसे बुरा कोई न होगा'

तुम होती, तो धो डालती मेरा हर एक दाग़
भर देती मेरे जिस्म पर
मन पर लगा हर एक घाव
तुम होती, तो नहीं करने देती
मुझे घर का कोई भी काम
और चिढ़ जाती वैसे ही

जैसे हमेशा चिढ़ती थी
मुझे घर के काम करते देखकर
और कहती थी –
'यह सब करने को तो ज़िंदगी पड़ी है लड़की!
सब सीख जाएगी बाद में ख़ुद ही...'
तुम अगर होती, तो लगा लेती
मुझे अपने गले और छुपा लेती अपने सीने में मेरा मुँह
हर उस पल, जब मैं कमज़ोर पड़ी

और आज जबकि तुम नहीं हो
तो कितनी ही बार यह ख़याल आकर
ठहर-सा जाता है
कि तुम अगर होती
तो कभी मुझे
अकेला नहीं होने देती।

हमारे दुःख साझे हैं लड़की

तुम्हारी बेचैनियाँ मुझसे कहाँ छिपती हैं लड़की
कहाँ छिप पाता है तुम्हारे भीतर का आंदोलन
तुम्हारे यौवन के उत्कर्ष के दिन
जो तुमने होम कर दिए किसी कुपात्र की ख़ातिर
जिसमें तुम प्रेमिका या पत्नी के सिवा
और क्या कुछ नहीं हो सकती थी

कितना जल बहा है तुम्हारे रतनारे नयनों से
फिर भी नहीं सूखी है तुम्हारे भीतर की बग़ावती
न ही सूखी है तुम्हारे भीतर की कल-कल बहती निर्झरा
जो डुबोए देती है तुम्हें, तुम्हारे ही जल में
जिससे तुम्हारा पिछले कई जन्मों का झगड़ा रहा है सखी

तुम्हारी श्वास-श्वास सुन पाती हूँ मैं कोसों दूर से भी
जिसे सुनना था तुम्हारे प्रेमी को
तुम्हारे सीने पर सिर रखकर
जीवन की सांध्य बेला तक

तुम्हारी कंपकंपाती टाँगें
तुम्हारा मुरझाया मुख
तुम्हारा आहत हृदय
तुम्हारे भीतर का हाहाकार

तुम्हारे भीतर आलोड़न करता प्रेम
तुम्हारा साहस
तुम्हारे भीतर की जिजीविषा
क्या-क्या मुझसे होकर नहीं गुज़रा है!

हमारे दुःख साझे हैं लड़की!
हम सब थोड़े बहुत अंतर से
एक-सी विपदाओं की मारी हुई हैं
हम एक-से कंटकों से घिरे मार्ग पर चली हैं
हमने एक-से छाले पाए हैं

हमारे कलेजे में एक-से भाले गड़े हुए हैं
भेड़ियों को आँख मूँदकर नहीं दिखलाई पड़ता
हम में कोई भी अंतर
हमें आँखें खोलकर हम सब एक-सी दिखलाई पड़ती हैं
एक-सी ही सुनाई पड़ती हैं हमें हमारी सिसकियाँ
एक-से लिखे हैं हमने अक्षर
और लिख-लिखकर मिटाए हैं साथी!

एक-सा ताका है कमरे के बीचोबीच चलता हुआ पंखा
एक-से मन पाए हैं
एक-से ही ग़म में कलाइयाँ काटी हैं
एक ही तरह से फंदे बनाए हैं अपने लिए
और बार-बार लौट आई हैं मृत्यु के द्वार से होकर
एक-सा प्रेम किया है बारम्बार और एक-सी ही प्रतीक्षा
एक-सी चुप्पियाँ ओढ़ी हैं

और एक-से ढोए हैं पीड़ाओं के पहाड़
सोई हैं हम उनकी नोक पर देह टिकाए शताब्दियों तक

हमने एक-सी ही योनियाँ पाई हैं सखी!
एक-से ही स्तन
एक-सा ही ख़ून बहाया है बारहों मास
एक ही ढंग से बोए हैं अपने भीतर बीज
पोसे हैं भ्रूण, जने हैं बच्चे और
चिंघाड़े हैं हथिनियों-से उन्हें इस संसार में लाते हुए

एक-सा ही प्रेम किया है
एक-सा ही सौंपा है ख़ुद को
एक ही ढंग से दिल तुड़वाया है बारम्बार
कोई हिसाब है लड़की?
है कोई हिसाब!

हमारे दुःख साझे हैं लड़की!
हमारे जैसी संसार भर की मादाओं के।

स्वार्थ की सीमाएँ

अगर प्रेम नहीं मिल सकता
तो आकर्षण भी क्यों मिले
क्यों टकराए बार-बार वही

वह, जो घायल मन को
और अधिक घायल कर देता है

मेरे होंठों पर तुम्हारे होंठों की नहीं
तुम्हारे शब्दों की छुअन है
जो उधेड़ती है पपड़ियाँ

मेरे स्तनों पर तुम्हारे हाथों की छुअन नहीं है
फिर यह क्या चुभता है
सुई की नोक-सा ठीक उनके बीचोबीच
और एक घुटी हुई चीत्कार लहराकर
कंठ में ही दब जाती है

मुझे रौंदने की तुम्हारी लालसा
क्या अब सो गई है या मर गई है तुम्हारे भीतर
जबकि मेरे भीतर
वह अब तक साँसें भरती है

चूड़ी, बिंदी, कंगन, आलता से लेकर
अधर, कपोल, वक्ष और योनि तक की तुम्हारी यात्रा की
क्या एकलौती गवाह अब मैं ही बची हूँ?
तुम उसे कब का बिसरा चुके हो पुरुष!

कितनी क्षणिक और एकतरफ़ा रही है
तुम्हारी यह चाहना कि
डूबते हुए तुम्हें सुनना होता है यह बारम्बार कि
उतरो मेरे भीतर
और क्रूरता से उतरो
लाँघ जाओ जंगलीपन की तमाम सीमाएँ

मगर छोड़ते हुए वह तट
तुम्हें कभी नहीं पूछना होता
कि क्या अब जाया जा सकता है
छोड़ा जा सकता है तुम्हें तुम्हारे हाल पर
सँभाल तो लोगी ना स्त्री!

स्त्री को तुम्हारे भोग से दिक़्क़त कभी नहीं रही है, पुरुष!
दिक़्क़त तुम्हारे स्वार्थ की सब सीमाएँ लाँघ जाने से रही है।

उस गुलमोहर तले

कितना भरा है यह मन
या कि कितना रीतापन है भीतर

इतना कि सोचती हूँ
यदि तुम यहाँ होते
तो तुम्हारे कंधे पर रख लेती सिर
अपने आँसुओं से भिगोती तुम्हारी शर्ट
तुम्हारी बाँहों में झूल-झूल जाती

तुम्हारे सीने में छुपा लेती मुँह
तुम्हारे गालों पर टिका देती हथेलियाँ

तुमसे कहती कि
सत्यानाशी का पौधा
फूलों समेत मेरे गले में उग आया है
मेरे सीने पर लहराते हैं सरसों के फूल
मन की ज़मीन पर अब तक बिखरे पड़े हैं
तुम्हारे जूठे बेर
जो चखे थे तुमने एक रोज़

मगर तुम नहीं हो
और मेरे सिर से पांव तक नाचती हैं

कामनाओं की मछलियाँ
और जेठ की दुपहरी-सी धूप से जल उठे हैं पांव

तुम नहीं हो और मैं एड़ी की खिली दरारों में भरती हूँ
टेसू के दहकते फूल
मसलती हूँ कामनाएँ
पुकारती हूँ तुमको कितने आवेग
कितनी चाहना से

इस घने वन में आओ प्रिय!
डुबो दो मेरे पांव प्रेम की नदी में
छांव में ले चलो साथी

ले चलो उस गुलमोहर तले
जिसे तुम अपना कहते हो
जो तुम्हारे मन में खिला रहता है।

पुकारो मुझे फिर उसी संबोधन से

किसी और सदी की बात लगती है अब
तुम्हारा उस नाम से पुकारना मुझे
वह संबोधन, जो इतना मीठा था
कि वैसा सिर्फ वही हो सकता था प्रिय

तुम्हारे कंठ से सुनना बार-बार
उस नाम का उच्चार
जो तुमने मुझे दिया
सिर से पांव तक गूँजता था शंखनाद के जैसे
मेरे अंतर को तितलियों से भरता था
भरता था तारों से
उतना चमकीला फिर कहाँ कुछ और हुआ

मेरे मन के आसमान में सब सितारे बुझ गए थे
उस नाम के लुप्त होने के साथ ही
इन दिनों मैं खोजती हूँ वही एक संबोधन
खोजती हूँ कि उसकी डूब कहीं मेरे भीतर तो नहीं

और अगर तुम्हारे मन के सागर में डूबे थे उसके अक्षर
तो खींच लाओ उसको पाताल की अतल गहराई से भी

अपने कंठ में फिर धारण करो मेरे शिव!
और पुकारो एक बार फिर से मुझे वैसे ही
कि आकाश तक चली जाए उसकी अनुगूँज

पानी में अनंत काल तक उठती रहे उसकी लहर
पुकारो एक बार फिर से मुझे वैसे ही
कि दिल पहले-सा धड़कना सीख जाए

पुकारो साथी!
फिर उसी संबोधन से
जिससे तुम बार-बार पुकारते थे
और जिसे कितनी ही बार सुनकर भी
कभी नहीं अघाता था मेरा मन

पुकारो मुझको फिर उसी संबोधन से
पुकारो मेरे प्यार!

www.ingramcontent.com/pod-product-compliance
Lightning Source LLC
Chambersburg PA
CBHW031441150726
47990CB00013B/2527